정류장에 두고 온 뉴욕치즈케이크

독립서점시인선 01　정덕재 시집

정류장에 두고 온 뉴욕치즈케이크

시 정덕재
그림 권현칠

도마토

작가의 말

시인　　L과 K가 만나고 C와 S가 헤어진다. G가 M을 바라보고 있는데 M은 Y의 곁을 서성인다. B와 O가 여행을 갔다 따로 돌아왔다. 마음을 잡겠다는 마음이 문제다. 잡히지도 않는 마음을.

화가　　시는 나에게 추억을 소환하였다. 작업하는 순간순간 연애의 감정이 들뜨게 만들었다. 수채화에 담긴 풍경과 인물을 보면서 인류 역사와 함께 시작된 사랑의 의미를 다시 한번 돌아볼 수 있기를.

　　　　　　　　　　　　　　　　　　2024년 늦여름에

	작가의 말	5

1부 첫눈에 반했다는 거짓말

첫 만남	13
냄새와 향기	16
커피는 갈색	19
숨 쉬지 못하는 진공	21
당신의 까망	25
모욕은 촉촉해지지 않아요	28
어금니	31
상처	34
연애의 전조증상	37
첫눈에 반했다는 거짓말	39

2부	근대적 윙크	45
최신식 연애	연애의 진보를 이끄는 손 1	48
	연애의 진보를 이끄는 손 2	51
	구멍	54
	햄버거의 눈물	56
	실용적인 포옹	59
	야생 고양이	62
	택시에서	64
	신발 바꾸어 신기	67
	유행과 날개	70

3부

침 넘어가는 소리가 들리는 시간

여름이라 배롱나무	75
가슴이 벅차오른 순간	78
누가 볼까 누가바	81
뉴욕치즈케이크	84
업어 보고 싶었어	87
당근이 있는 짜장면	90
깊은 키스	93
더 깊은 키스	96
아직은	99
가끔은 행복한 서울우유	103

4부 노른자와 흰자가 섞이지 않는 것처럼	편식의 연애	109
	화장지 두 뼘처럼	112
	지울 수 없는 수정테이프	114
	쫄면	117
	퇴사	119
	이별의 무게	122
	노래를 들으며	124
	멸종위기종	127
	백화점 산책	129
	삶은 달걀	131

시인산문	유일하게 긍정적인 감정노동이 사랑이에요 L과 K를 지지하며	137

〈등장인물〉

L : 30대 여성   K : 40대 남성

1부

첫눈에 반했다는 거짓말

첫 만남

K는 손가락을 굽혀 사무실 문을 두 번 두드렸다. 안에서 들려온 소리가 '네'인지, '예'인지 분명하지 않았다. 문을 밀고 들어서자 창가에서 커피를 내리던 L이 뒤를 돌아봤다. 어깨까지 내려온 머리카락이 찰랑거렸다. 사무실을 살피는 사이 커피 향기가 몰려왔다. "혼자 마시려고요?" "네" "같이 마실까요?" 용기있는 대화의 시작이었다.

에티오피아 커피랍니다

에티오피아 수도가 어딘 줄 아시나요

글쎄요

아디스 아바바

아디다스 신발이 떠오르네요

말 배우는 아이가 아빠한테 아디다스 신발 사 달라고 하는 것 같죠

재미는 없는데 재미있다고 생각할게요

원래 그렇게 솔직하신가요

솔직한 사람이 세상에 어디 있어요

솔직한 사람으로 보여요

보인다고 다 보이는 것도 아니지요

상처가 많은가 봐요

처음 만난 사람에게 할 말은 아니죠

처음이자 마지막이 아니었으면 좋겠네요

그 누구도 처음인 적이 없었으니 마지막도 없겠지요

냄새와 향기

K는 점심으로 김치찌개를 먹고 커피를 마셨다. 시큼한 맛이 강했다. 마실수록 침이 고이는 커피를 보자 엊그제 L이 따라 준 커피가 떠올랐다. 반 고흐의 그림이 있는 잔과 잘 어울린 커피였다. 원두 150그램 한 봉지를 샀다.

냄새는 잊고 지내던 기억의
두엄더미를 들춰내는 쇠스랑이다
청국장 냄새로 고향의
맛을 생각하는 사람보다
아침이슬을 보고 들판에 맺힌 농약을
떠올리거나 경운기에서 뿜어내는 불연소 연기의
중독성으로 고향을 기억하는 사람이
친근하다

냄새는 삭는 거름에서 나오는 힘이고
향기는 유혹이다
L이 하나의 향기로 다가왔다

커피는 갈색

일주일 만에 L의 사무실을 찾았다. 혼자 커피를 마시고 있었다. 커피 담당이냐고 묻자 담당은 팀장을 말하는 표현인데 자신은 커피팀장이 아니라 비정규직 말단이라고 했다. 가시의 뾰족함을 다섯 단계로 나눈다고 했을 때, 2단계 따끔한 가시였다. K가 커피 원두 봉지를 내밀었다.

원두가 담긴 봉투가 갈색이라서 좋아
흰 봉투에 담은 원두들은 숨쉬기가 곤란할 거예요
숨을 내뱉을 때마다 얼룩덜룩 생기는 무늬를 견디기 힘들겠지요
염색은 자연스러운 무늬가 되지만 오염을 무늬라고 말하지 않지요

세상의 무늬들은 꼼꼼히 보면 무늬를 가장한 오염이 많아요
숨 쉴 때마다
말할 때마다 사무실이 혼탁해져요
타이핑을 칠 때마다 누군가의 등을 때리고 있어요
세상에는 아찔한 시간을 피해 가는 사람이 많아요
사람이 기회주의자가 아니라 시간이 기회를 엿보는 게 분명해요
이번 승진 인사를 보면 금세 알 수 있지요
커피가 갈색이라서 친근해요
일주일 가운데 짙은 갈색으로 변하는 날이 많아
마음을 알아주는 친구가 되기도 해요

숨 쉬지 못하는 진공

L이 근무하는 부서 팀장은 K의 고등학교 삼 년 선배다. 사무실에 갈 때마다 팀장은 다른 층에서 열리는 회의에 참석하고 있었다. 처음에는 선배를 만나러 갔지만, L을 본 이후 선배가 없는 시간에 그 사무실을 더 자주 찾는다. L과 두 번째 만났을 때는 갈색봉지에 찍힌 무늬를 말했고, 세 번째는 은박 포장을 언급했다. 커피를 대하는 눈빛이 진지했다.

보존하는 게 아니죠

원두도 숨을 쉬는데 들숨과 날숨이 갇혀 있잖아요

진공이라 숨을 쉬지 못하죠

설령 숨을 쉰다고 해도 자기가 뱉은 숨을 다시 자기가 맡는 셈이잖아요

코로나가 창궐할 때 마스크를 쓰고 숨을 쉬어 봤잖아요

들이마시는 숨이 청량하던가요

내뱉는 숨이 뻥 뚫리던가요

한숨은 화를 뱉는 건데 다시 들이마시니 화의 퇴적층이 얼마나 두꺼울까요

은박진공 포장은 바람직하지 못해요

에티오피아 브라질 베트남 과테말라

모두 멀리서 왔잖아요

멀어져 간 사람이나 멀리 떠나온 사람이나

숨 쉬지 못하는 시간은 암흑의 수감기간이지요

당신의 까망

 그 사이 속눈썹이 길었다. 3월 중순에 옅은 장미향이 풍겨 왔다. 가시에 물이 올라오지 않은 시간이었다. 퇴근길 로비에서 만난 L은 까만 블라우스와 까만 바지를 입었다. 책 한 권이 삐져나온 가방은 샤넬 짝퉁이다. K가 책 제목이 궁금해 가방 안을 슬쩍 보았으나 손가락 한 마디 정도의 두께만 확인할 수 있었다.

 검정색을 좋아하나 봐요
 네
 양말도 검정색이네요
 네
 단문을 좋아하나 봐요
 네

집에 오는 골목에서 발걸음을 뗄 때마다 구두 밑창에서
단음이 들려왔다

네
네 네
네 네 네
네 네 네 네

빨리 걸으면 대답이 빠르게 들려왔고
늦게 걸으면 반 박자 늦은 대답이 돌아왔다
L의 목소리가 듣고 싶어
빠르게 걷다가
힘차게 뛰었다

모욕은 촉촉해지지 않아요

　다음 날 새벽 출장을 가느라 L을 만나지 못했다. 이틀 뒤 2층 넓은 복도 창가에서 커피를 마시는 세 여자 속에 L이 있었다. 파란 운동화를 신고 있었다. 복도에서 어수선한 발자국 소리가 들려왔다. 신경질적인 하이힐은 정규직이었고 무거운 발자국은 비정규직이었다. 미백이 필요한 이를 드러내며 웃지 말라는 말을 기억하고 있는지 입을 다물고 있었다. 창밖 후박나무 잎새가 더 넓어지는 중이었다.

양치할 시간도 없이 일해 본 적 있나요

화장실 갈 틈내기도 쉽지 않아요

모욕이지요

이명에 시달리는 퇴직 앞둔 과장은

모욕을 목욕으로 알아듣고

목욕을 자주 하면 건강에 좋다는 말을 자주 하지요

나를 바라보는

눈빛도 지겨워요

짬뽕 국물 튄 셔츠를 바라보는 시선이 모욕이에요

모욕은 목욕처럼 촉촉해지지 않아요

결코

모욕은 목욕처럼 부드러워지지 않아요

어금니

"이를 드러내고 웃지 말라고 했던 말은 취소할게요"라고 말하자 L은 빤히 쳐다보았다. 아무 말도 하지 않았다. 무미건조한 표정이었다. K는 두 번이나 같은 말을 반복한 셈이었다.

　밤새 거울을 여러 번 쳐다봤다
　이를 드러내고 웃다가
　입을 꼭 다물고 웃다가
　소리 내어 웃다가
　눈웃음만 짓다가
　미친 년인 줄 알았다니까

이는 견고해야 한다
숨을 거둘 때까지
고기를 씹거나
쏟아지는 말을 잘근잘근 씹거나
분해든 분쇄든
이를 드러낼 때는 항상 조심해야 한다고

언제든지 씹을 준비가 되어 있지 않으면 살아남지 못한다
비정규직으로 십삼 년을 근무하는 동안
얼마나 많은 것을 씹었는지 셀 수 없다
씹고 소화를 시킨 덕분에 살아남았다니까

살아남는 자의 몸에는
흔적이 남아 있다
자주 아픈 그 자리
어금니 무너지는 상처도 흔적이니까
침식은 예고이니까
늘 방어자세를 갖춰야 한다

상처

L은 반응을 보이지 않았다. 핸드폰으로 문자메시지를 보내도 답장이 오지 않았다. 며칠 전 이를 드러내면서 웃지 말라고 한 것은 K가 생각해도 어처구니없는 일이었다. 그럴 만한 상황이 아니었고 그럴 만한 관계도 아니었다.

같이 있어도 혼자 있는 느낌이 자주 들어요

여럿이 밥을 먹어도 모래를 씹는 느낌이 들 때가 많아요

커다란 성처럼 느껴질 때가 한두 번이 아니랍니다

고립무원과 사면초가라는 말도 사치죠

차라리 섬으로 귀양을 갔더라면 공간과 시간을 받아들일 수 있겠지요

민주주의 국가가 아닌 것은 분명해요

불평등이 형광등 아래 자연스럽게 돌아다니고 있잖아요

차별만 야광처럼 더욱 빛날 뿐이죠

전등이 꺼져 있는 고요한 사무실에서 자주 느껴요

움직일 때마다 상처를 건드리는 누군가의 손길이 있어요

보일 때도 있지만 보이지 않을 때가 더 많아요

연애의 전조증상

보름 만에 문자메시지가 왔다. 네 번의 문자에 대한 답장이었다. 저녁을 먹자고 했다. 커피를 마시러 오라는 수준의 기대를 훌쩍 뛰어넘었다. 뼈다귀감자탕 가게에서 만난 시간은 6시 15분이었고 자리에서 일어난 것은 8시 30분이었다. L은 차별하지 않는 민주주의적인 연애를 말했다.

채식은 선택이 아니라 강압이었다
심근경색으로 쓰러졌다 살아난 육식주의자 과장이
퇴원 다음 날부터 급진적인 채식주의자가 되었고
수시로 찾던 삼겹살 회식이
청국장 된장찌개 생선구이로 바뀌었다

뼈에 붙은 살을 바르다 보면 묘한 매력을 느낀다는 말이
툭 튀어나왔다
매력(魅力)의 매 자가 도깨비를 뜻한다고 말을 하자
L은 도깨비의 힘이 어디까지
뻗치는지 확인하자고 했다

뼈 하나를 앞에 놓고
원투 펀치같이 툭툭 튀어나온 말은
분명히 연애의 전조증상이었다
발골하는 저녁에 대한
독특한 해석이었다

첫눈에 반했다는 거짓말

비가 내렸다. 보도블럭을 두드리는 소리가 둔탁하게 들렸다. 틈새로 벌어진 블록 사이로 물길이 나 있었다. 투둑투둑 여름비 같은 봄비였다. L은 사무실 1층 현관 밖 처마에서 하늘을 쳐다봤고 곁에 다가선 K가 우산을 폈다. 연두색 우산을 펼치자 나무 그늘이 생겼다.

16부작 멜로드라마를 끝까지 보지 않는 것은
한 번만 봐도 짐작할 수 있기 때문이다
인물의 감정 변화를 보지 않고
서사만 생각한다는 건조함을 지적받아도
비가 우연처럼 내린 것인지
우산을 든 남자가 우연을 가장하고 다가온 것인지
굳이 설명하지 않아도 된다
다만
첫눈에 반했다는 말은
청문회 증언하듯 하지 않아야 한다
첫눈에 반했다는 말은
청문회 증언하듯 해야 한다

첫눈에 어디를 본 거죠

가슴이었지만 눈이라고
종아리였지만 눈이라고
귓불이었지만 눈이라고 해야 한다
우물 같은 눈이라는 말과

첫눈에 반했다는 말은
달콤하게 뱉어야 한다
한일자동펌프가 어릴 적에 들어와
우물이 메워진 지
오래전이라는 말은 하지 않아야 한다
입안에 가둬야 할 말이 많다
눈으로 직접 보지 않은 눈은 첫눈이 아니라고 우기는 것과
첫눈에 반했다는 말은 같은 성격의 문장이다

2부 최신식 연애

근대적 윙크

K는 공식적인 연애가 시작됐다고 생각했다. "잘 잤나요?" 아침 일찍 휴대폰 문자를 보냈다. "네" 답장이 왔다. 사무적이다. 출근길 사무실 로비에서 딥그린색 셔츠를 입은 L을 발견했다. 누구도 눈치채지 못하게 빠른 속도로 윙크를 보냈다. L은 야릇한 표정을 지었다.

근대적 인간의 탄생을 보았어요

서툰 윙크가 타당한가요

뒷걸음치며 근대에 도달하고 싶은 사람이 있겠지요

다음에는 손을 흔들어요

손이 자유로워요

자유롭다는 것은 매우 놀라운 일이죠

반갑게 흔들어요

서툰 윙크는 개방을 머뭇거리는 포즈로 보여요

다음에는 활발하게

강한 의지가 담긴 현대적 포즈로

손을 흔들면 나도 흔들게요

손바닥에 마주치는 바람과

손가락 사이로 빠져나가는 바람의 무게가 다르다는 걸

우리 확인해요

불안을 넘을 준비는 하지 않았아도

손잡을 준비는 하고 있어요

연애의 진보를 이끄는 손 1

　영화를 보러 극장에 가기로 했다. 인생이 한 편의 연극이라고 하지만 손을 잡는 데는 연극을 공연하는 극장보다 영화를 상영하는 극장이 좋다고 K는 생각했다. 대전극장 옆 서라벌극장과 대전역 앞 아카데미극장이 간판을 뗀 지 오래됐어도 손잡은 역사가 사라지는 게 아닌 것처럼.

스쳤을 뿐인데

생각이 달라지면요 속삭임이 들려왔다

생각이 달라진다는 뜻을 찾느라 영화에 집중하지 못했고

손을 잡지 못했다

브래드 피트였는지 톰 크루즈였는지

영화 선택이 잘못된 게 아니라 배우 선택이 잘못됐다는 것을

며칠 뒤 손을 처음 잡고서야 알았다

진보가 실수투성이 가운데 자란다는 것을

한참 뒤 손을 두 번째 잡고 나서야 알았다

연애의 진보를 이끄는 손 2

언제 L의 손을 잡을까 망설였다. 술집을 나와 버스정류장까지 걸어가는 시간은 대략 5분 남짓, 편의점 환한 불빛이 흐려지는 복권가게 앞을 지날 때가 적당하다. 혹시 거절당한 손이 부끄러워 빨갛게 달아오르는 것을 눈치채지 못할, 개점 이후 4년 동안 3등 당첨 한 명만 나온 조명 꺼진 복권가게 앞이 최적의 장소다.

손을 잡아도 되냐고 묻는 게 나을지
아무렇지도 않다는 듯 잡는 게 나을지
고민을 반복하는 사이
편의점 앞을 지나고
복권가게를 지나쳤다

버스정류장이 가까워지면서

숨이 가빠지기 시작했고

훔치듯 손을 잡았다

잠시 걸음을 멈춘 L은

호흡을 고르며 다시 걸었다

하나 둘 셋 열을 셀 때까지

누구도 손을 놓지 않았다

가슴 안에 낭떠러지가 있다는 걸

처음 깨달은 날

금방 도착한 버스가 야속한 날

손을 흔들고 난 뒤

손바닥에 코를 대고 깊이 숨을 들이마셨다

딥티크 오드 퍼퓸 향수라는 걸

다음 날 알았다

연애의 첫 번째 징표는

맞잡은 손이다

구멍

　식당에 갔다. 신발을 벗고 들어가는 곳이었다. L이 머뭇거리다가 신발을 벗었다. 양말에 작은 구멍이 나 있었다. L과 K의 눈이 마주쳤다. K가 웃었다. L도 웃었다. L의 웃음은 무언의 질문에 대한 답이었다.

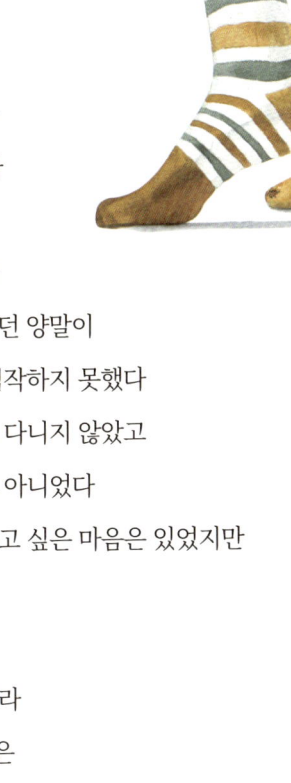

마음이 구멍 난 것보다
양말에 구멍 난 게 낫다
마음이 찢어진 것보다
바지가 찢어진 게 낫다
아침에 나올 때 멀쩡했던 양말이
오후에 구멍 날 줄은 짐작하지 못했다
평소보다 더 많이 걸어 다니지 않았고
심한 발길질을 한 것도 아니었다
과장의 엉덩이를 차 주고 싶은 마음은 있었지만
실행하지 않았다
못했다
그만두지 않는 게 아니라
그만두지 못하는 마음은
엉뚱하게 구멍 난 양말 사이로
자꾸만 자꾸만
새어 나온다
부끄러운 마음이 아니라
부끄러운 구멍은 아니다

햄버거의 눈물

햄버거 가게에 갔다. 사무실에서 500미터 떨어진 곳이다. K는 같이 걸어가고 싶었지만, 주변의 시선을 의식해 햄버거 가게에서 만나기로 했다. 햄버거로 점심을 먹자는 제안은 L이 했다. 두꺼운 빵 사이에 양상추 토마토 고기패티가 두툼하게 들어 있었다. 입을 최대한 크게 벌려야 했다.

김치찌개 먹을 걸 그랬나요

나도 햄버거 좋아해요

햄버거 스타일이 아니에요

뭘 보고 판단한거죠

김치찌개 청국장 아니면 순댓국 스타일이죠

섣부른 판단 아닌가요

점심시간에 지날 때 냄새가 자주 배어 있어요

편향적이죠

냄새가 성격을 보여 줘요

김치찌개를 너무 무시하지 말아요

김치찌개는 늘 진심이죠

진심은 과한 표현으로 들려요

내 앞에 있는 사람이 김치찌개를 좋아하잖아요

그럼 나도 햄버거를 진심으로 대할게요

사실은 혼자 먹기 편해서 햄버거를 좋아해요

혼자 자주 먹나 봐요

밥을 먹는데도 묵시적인 분리가 있어요

11시 50분이면 고요한 바다가 양쪽으로 나눠지는 진풍경이 벌어져요

공채출신은 출신끼리 서쪽 출신은 출신끼리

부서장이 다닌 대학 출신은 출신끼리

슬픈 햄버거죠

진부한 표현이지만 눈물의 햄버거라는 말이 어울릴까요

우리 자주 밥 먹어요

실용적인 포옹

횡단보도 건너편에서 이십 대 남녀가 포옹을 하고 있다. 녹색 신호등을 기다리는 시간을 실용적으로 활용하고 있었다. K가 L을 쳐다보자, 건너편 젊은이처럼 안고 싶냐는 눈빛을 보냈다.

볼록한 가슴을 맞대면 당연히 두근거리지

가슴이 나온 건 자연스럽지만

배가 나온 건 부자연스러워

포옹은 마음을 데워 주는 착한 태도야

첫포옹은 두툼한 옷을 입는 계절보다는

피부를 느낄 수 있는 계절에 하고 싶어

첫포옹을 하고 첫키스를 하는 게 자연스러울까

키스가 긴포옹으로 이어지는 게 감정의 흐름에 어울릴까

민트향 치약 냄새가 입안으로 들어올 때

기분은 상쾌해지고

말하는 입술보다

말하지 않는 입술이 더 깊은 기억으로 남을 거야

횡단보도 앞에서

젊은 남녀의 실용적 포옹을 보는데

여자의 손이

남자의 엉덩이를 두드리고 있는데

왜

내가 두근거리지

야생 고양이

밥을 자주 먹자는 말을 한 다음 날부터 밥을 자주 먹으러 다녔다. 점심과 저녁 두 끼 중에 한 끼는 같이 먹으려고 노력했다. 저녁에는 주로 술을 마시며 맛있는 안주를 먹었다.

야생의 느낌이 좋아요
익히지 않은 고기를 씹을 때마다 살아남는 법을 배우는 공부 같아요
붉은 고기를 보면 힘이 솟아요
살점을 뜯기는 아픔은 견딜 수 있지요
혼자 어슬렁거리다가
풀밭 위에서 혼자 식사하는
눈치빠른 고양이라고 할까요
잘근잘근 씹는 것만큼은 누구보다 잘하지요

난 고양이야

쓸쓸한 고양이야

내가 잡은 고기를 나눠 줄 수 있는데

내 주위로 다가오지 않아

고양이 열 마리 중에서

한 마리만 내 편이야

그 녀석도 내 편인지 알 수 없지만

나는 야생성을 언제든지 드러낼 수 있어요

사시미가 사슴의 사투리라는 말을 아세요

사슴으로 살기 싫어요

아픈 사슴이었던 적이 있었거든요

차라리 갈 곳 없는 야생 고양이가 좋아요

붉은 사시미가 좋아요

핏물 머금은 붉은 날고기가 좋아요

택시에서

 택시를 탔다. K는 앞자리에 탈까 망설이다가 L과 함께 뒷자리에 탔다. 한 뼘쯤 거리를 두고 앉아 있는 상태에서, 미터기 기본 요금이 넘어가자 손을 내밀었다. L이 손을 잡아 주었다. 자세를 바꿔 손가락 깍지를 끼었다. L의 손에 힘이 들어갔다. 집 앞에 오 분도 되지 않아 도착했다.

떠나지 말아요
혹시 떠날 일이 생기면 내가 먼저 떠날게요
늘 상처만 입고 살아서
나도 한 번쯤은
상처를 주고 싶어요
보고 싶다고 말하면
언제든 돌아올 수 있어요
멀리 떠나지 않을 테니까
손을 잡고
떠난다는 말을 하니까
혼자 떠나는 것 같지 않아서 좋아요
누군가는
둘 중에 하나는 돌아오기 때문에
완전한 이별은 이뤄질 수 없겠지요
이별의 완성도 불가능하겠지요
방향지시등을 켜지 않고 달리는 택시 안에서
왜 이런 이야기를 하는지 알 수 없어도
기사식당 반찬으로 올라
입에서 입으로 옮겨 다닐 날이 있겠지요

먼 훗날에는

구비전승되는 이야기처럼 갈래갈래 퍼지겠지요

이본과 정본의 차이가 색다른

오래된 이야기로 남았으면 좋겠어요

신발 바꾸어 신기

적당한 술기운이 도드라졌다. L은 잘 웃었다. 크게 웃어 왼쪽 어금니가 보였다. 금니였다. 정류장 의자에서 간간이 K의 어깨에 기대었다. 왼쪽 손목에 찬 시계에서 알람이 울렸다. 10시 45분이었다.

시내버스 정류장에서 신발을 바꿔 신었다
L이 신발을 벗어 보라고 했다
손가락 한 마디쯤 작은 신발에
발이 들어가지 않았다

구겨 넣기에 아까운 파란색 신발은
소풍전야 선물처럼 푸르렀다
헐렁한 운동화를 신은 L은
발이 편하다며 길을 건넜다
멀리
벗겨지는 신발을 챙기느라
걸음이 조심스럽다
하루 종일 갇혀 있던 발이
명랑한 표정을 지으며
허공 위에 발자국을 남긴다
K가 신은 운동화에 말랑말랑한 발이 남아 있다
종종 신발을 바꿔 신기로 한 후
오래된 정류장 옆에
작은 신발장 하나 놓기로 했다
비정규직 말단 사무원의 발걸음을 세며
떠난 사람 돌아오지 않는 종점마을로 가는 버스를 탔다
버스기사가 감축 운행 소식을
전해 준 날
파란 운동화 끈을 헐렁하게 풀 수 없었다

유행과 날개

20대 젊은이들이 모이는 곳에 가서 최신식 연애를 구경하자고 했다. L은 연애의 배움에는 한계가 있다며 거절했다. 연애도 배워야 발전한다고 하자, 발전이 성숙은 아니라고 했다.

소주잔에 술이 넘치면 손바닥을 마주치며 웃는 청년들 속에서
잔이 넘치면 웃음 대신 휴지를 찾는 사람들이 할 수 있는 건
젖은 손을 바지에 닦으며 그저 고개를 끄덕이는 일뿐이다

더 이상 출시되지 않아
부품을 교체할 수 없는 낡은 에어컨이
십육 년째 버티며
덜걱거리는 바람을 만들어 날개를 증명하는 것처럼
흔들리는 존재를 확인하면 될 일이다

에어컨을 최신식으로 바꾸지 않아도 된다
회전근개 파열로 날개의 고통이 커져도
어긋난 동작은 몸의 일부가 되어 익숙한 바람으로 살아간다

3부

침 넘어가는 소리가 들리는 시간

여름이라 배롱나무

여름에는 배롱나무 꽃을 보러 군산 옥구향교에 자주 간다는 L을 따라갔다. 나무를 보러 멀리 갈 필요가 있냐는 말을 내뱉자, L은 말없이 바라보았다. 도쿄로 우동 먹으러 가는 사람을 어떻게 생각하냐는 눈빛이었다.

백일홍나무가
배기롱나무가 되어
배롱나무가 되었다
백일홍은 백일 붉다는 뜻이 선명해
신비롭지 않지만
배롱은 이름이 궁금해 관찰일기 숙제하는 소년처럼 바라보았다

여름날 쏟아지는 햇살이

반갑다는 듯

쏟아질수록

더 진한 자주색으로 붉어질 수 있다는 듯

여기에서 동군산병원이 거리가 얼마나 되나요

물어보는 건

지나치게 붉어 다칠 수 있기 때문이었을 것이다

백일 기념으로 올 걸 그랬나

기념사를 수도 없이 들어 지쳐 버린 배롱나무

여름에는 냉면보다 배롱나무지

이런 말이 어울리는 7월 27일

서로가 만난 날을 따져 보는

꽃그늘 아래

짧은 그림자가 물들고 있다

가슴이 벅차오른 순간

    2주일째 가로등 하나가 꺼져있다. K는 걸어가는 동안 포옹을 하겠다는 생각을 주문처럼 외웠다. L이 주문을 따라 했다. 꺼진 가로등 관리번호 뒷자리는 715였다. 한 자리 숫자였으면 멀리 떨어져 있는 가로등도 외롭거나 무서웠을 것이다.

잡은 손은 놓지 않고
다른 한 손을 어깨에 올려 끌어당겼다
손잡이를 잡고 방문을 닫는 정도의 힘만으로
미끄러져 들어왔다

상처를 극복하는 회복탄력성이라는 사회학적 용어가

눌린 가슴이 제자리로 돌아 오는 시간이 얼마나 될지

관능적 상상으로 옮겨가는 사이

L은 허리를 감싼 K의 손을 위로 밀어 올렸다

허리는 살이 많아요

떨리는 목소리는 떨렸고

귓불을 입술로 가볍게 물었다

조용한 목소리는 조용했고

하리보 젤리보다 부드러워요

순간 가슴이 벅차오른

장면은 선명하고

떨어진 지점은 불투명 유리창 너머다

혼자 돌아오는 길에

허리를 잡았던 손이

자꾸만 가슴을 쓰다듬는다

부풀어 오른 흔적이 감염증세로 돋아나고 있다

누가 볼까 누가바

2024년은 누가바가 생산된 지 50년이 된다. K가 누가바를 즐겨 먹는다고 하자, L은 뉴욕치즈케이크를 좋아한다고 했다. 아이스크림을 말하는데 케이크를 말하는 건 화법에 문제가 있는 게 아니냐고 물었다. L이 입술을 삐죽거리며 웃었다.

한 입만 달라고 해도 주지 않던 친구 이름이 민철이었는데

그래서 누가바를 먹지 않으려고 했는데

그래도 맛있는 게 누가바라서

30년 이상을 봄 여름 가을 겨울 할 것 없이

소월의 표현대로 하면

갈 봄 여름 없이 누가바를 자주 먹었다

얇은 초콜릿 부서지는 소리가

재미있어 즐거웠다

녹이지 않고 베어 먹게 되는

누가바는 서른 몇 번쯤 K의 여름을 통과했다

뉴욕치즈케이크가 맛있다는 말에
K는 배불러서 케이크를 먹고 싶지 않다고 했다
뉴욕치즈케이크가 이름만 같을 뿐
서로 다른 물질이라는 건 한참 뒤에 알았다
누가바 50년 동안 50번의 봄과
50번의 가을이 지나는 사이에
뉴욕치즈케이크의 여름과 겨울이
등장했다는 것을 알지 못했다
L은 K에게 뉴욕치즈케이크가 아이스크림이라는 걸
처음 알려 준 여자였다

뉴욕치즈케이크

오늘을 기념하고 싶다는 L의 말에 뉴욕치즈케이크를 준비했다. 오늘이 무슨 날이냐고 K는 묻지 않았다. 상온 보관인지 냉동실에 넣어야 하는지, 고민할 영역이 아니었다. 케이크가 제빵자격증 실기문제가 아니라 제과자격증 실기문제라는 것도 중요하지 않았다. 아이스크림을 알기 전에는 모든 케이크는 빵이었다.

뉴욕치즈케이크를 두고 온 두계리 버스정류장
막차에서 내린 이들은 빠른 걸음으로 흩어졌다

늦가을이 0도 이하인 곳에 사는 사람에게
상온은 뉴욕치즈케이크를 보관하기 좋은 날씨이고
초가을이 19도쯤인 곳에 사는 사람에게
상온은 케이크가 녹는 날씨다
버스정류장에 두고 온 뉴욕치즈케이크에
초를 켤 수 있는지
녹으면 형체를 알 수 없는 배스킨라빈스 아이스크림인지
사랑은
고백하는 순간 바람에 흔들리는 촛불이거나
급격히 녹기 시작하는 이상기후이거나

뉴욕치즈케이크를 사러 빵 가게로 가야 하는지
아이스크림 가게로 가야 하는지
연애 전에는 하지 않은 고민이었다

정류장에 뉴욕치즈케이크가 놓인 결정적인 이유는

작명의 오류였다

두계리에서 뉴욕을 찾은 게 실수였다.

예측불허의 이상기후 앞에서 할 수 있는 것은

놀랍게도 한 번도 하지 않았던

기도였다

업어 보고 싶었어

술에 취하거나 다리를 다치지 않았지만 한 번 업어 봤으면 좋겠다고 하자, L은 한 번쯤 업혀 보고 싶다고 했다. 드라마 속 여주인공은 45킬로그램이라서 업고 걸어가도 뒤뚱거리지 않겠지만 현실은 그렇지 않을 것이라고 했다. K는 고개를 끄덕이고 말았다.

꿈이 다이어트 성공이라고 말할 때가 있었다
몸매 관리를 하느라
오징어튀김을 먹을 때 튀김옷을 벗기고 먹었다
비만의 굴곡은 자연발생적이지 않다
뱃살이 당신의 등에서 물컹거려도
드러난 비밀 하나 직접 체감하는 것이라고
관대하게 설명한다
밤늦게 라면을 끓인 날은
등짝에 눌린 가슴보다
뱃살이 먼저 생각난다
딱 한 번 업었을 뿐인데
기억이 오래가는 이유다

업고 놀자는 이몽룡이
춘향을 몇 번이나 업었는지 자세히 기록되지 않은 연유도
K의 경험에서 추론할 수 있을 것이다

당근이 있는 짜장면

가을이 되면 짜장면 고명으로 당근을 올려 주는 중국집이 있다. L이 K를 데리고 간곳은 대전 서쪽 끝자락에 있는 작은 소도시였다. 40년 넘게 가게를 운영한 주인은 칠순을 갓 넘겼고, 큰 후라이팬 손잡이를 여러 번 수리한 만큼 주인의 손목도 한의원과 정형외과를 의지하고 있었다. 당근이 나오는 시기는 채 한 달이 되지 않는다.

기상청 단풍 지도가 뉴스에 나오면
당근을 손질하는 노인의 시간이 바쁘다

당근이 고명으로 올라오는 시기가 되면
1년에 한 번 낯선 외곽을 찾는 이들이 있다

묵상하듯 그릇을 바라보는 1인과
붙어 있는 나무젓가락을 떼며
깔깔거리는 2인이 있다

단풍이 내려오고 있다고 하네요
북쪽으로 올라가 미리 만날 필요는 없겠어요
식탁에서 단풍을 볼 수 있잖아요

짜장면을 비비기 전에 내뱉은 혼잣말을
주인이 들었다
아주 잠깐 당근껍질 벗기는 걸 멈추었고
채칼소리가 다시 규칙적으로 들렸다

K는 아무렇지 않게 비볐고
L은 채 썬 당근을 젓가락으로 하나씩 집어
오랫동안 씹었다.

다음에도 당근 먹으러 올게요

주인은 고개를 끄덕였고
K는 갸우뚱거렸다
L은 단풍철에만 올라오는 당근의 사연을 묻지 않았다

깊은 키스

만나고 헤어질 때마다 포옹하지 않는다. 키스를 하면서 아밀라제의 농도를 매번 확인하는 것도 아니다. 침샘이 터지도록 키스를 할 때는 머릿속에 안개가 낀 것처럼 뿌연 느낌이 든다. K는 안개를 볼 때마다 키스의 시간이 떠오른다.

가장 부끄러운 시간은
침 넘어가는 소리가 귀에 들릴 때다
열 번 넘게 키스를 했지만
침 넘어가는 소리는 매번 들린다.

목젖을 타고 넘어가는 소주 반 잔 분량의 침이
꿀꺽인가요
꼴깍인가요

침 넘어가는 소리가 부끄러운 건
마음이 들킨 것 같아서
들켜도 괜찮은 마음이지만
그 시간에 욕망의 색깔이 달라지고 있어서

깊은 키스를 하기 직전에
침 넘어가는 소리가 들리냐고
물어볼까 망설인 적이 여러 번
모든 궁금증을 해소할 필요는 없을 것이다

부끄러움이 습관이 되지 않아 다행인지 모른다
부끄럽게도 키스를 하기 직전에는
매번
침 넘어가는 소리가 들린다

더 깊은 키스

 L이 밥을 먹다가 혀를 깨물었다. 솟아오른 사랑니 때문에 입술 안쪽을 깨물 때가 있지만 혀를 깨물기는 오랜만이었다. 술을 안 마셔도 됐는데 고개를 오른쪽으로 젖히고 술을 넘기는 모습이 로맨틱 코미디 장르로 보였다.

어릴 적 모기에 물린 팔을 심하게 긁어 피가 났는데
할머니가 손에 침을 묻혀 발라 준 기억이 나
지금도 모기가 물면 긁을 때가 있어
물파스가 없으면 내 침을 바르기도 하지

당신의 상처를
깊게 만져 줄게요
혀와 혀가 만나는 순간은

말을 할 수가 없어
더없이 평온하겠지요
안개시정거리 안에서
둘만 남아 있어요
상처 아무는 속도가
안개 걷히는 속도였으면 좋겠어요
빠르든
늦든

안개에 갇혀 있을 때
당신 안으로 들어가는 속도가 더욱 깊어지겠지요
상처가 빨리 아물겠지요

아직은

가방에 책을 자주 넣고 다니는 L은 장편소설보다 단편을 즐겨 읽는다. 긴 이야기에 집중할 시간이 없어서였다. 몰입을 방해하는 일들이 많다. 난 언제든 당신의 이야기를 들을 준비가 되어 있다고, K는 말했다.

이야기를 들려주기에는 아직 이르다
아직이 며칠인지 몇 달인지
이야기를 들려주기에는 다소 이르다
다소가 만남의 횟수인지 깊이인지

속을 모두 드러낼 수 없다면
주저하는 이유를 더듬어 보자

햇빛이 눈부신 날과
햇빛이 반가운 날에
향수를 바꾸는 것은
불안이 아직 어두워서

때가 되지 못했거나
미처 도착하지 못했거나
아직이
더 깊은 속으로 들어갈 때까지
얼마나 더 굴을 파야 할까

지지대도 없이 파다가

끝내 갇혀도 좋을 만한

아직

가끔은 행복한 서울우유

　1층 편의점에서 7층 오피스텔로 올라가는 시간에 허기를 느낄 때가 있다. 건너편 과장과 책상 세 개 건너 팀장이 입 냄새 풀풀 풍기며 개지랄을 떠는 날에는 특히 그렇다. L의 허기는 생물학적이 아니라 사회학적 원인에서 나타난다.

삼각김밥 한 개와 서울우유 한 개를 집는다
삼각김밥 앞에 붙은 이름은 중요하지 않다

참치

참치마요

불고기

고추장

햄

오늘 아니면 내일 잡힐 것들과
서울우유를 먹으면서
서울을 헤매었던 20대 중반의 찬란한 밤을 세어 본다
우유를 벌컥벌컥 마시는 날과
여러 번 씹어 먹는 날은
서로 다른 추억이 만나지 않는 시간이다.

누우면 발이 벽에 닿는 방에서
서울에서 서울우유를 먹고 있어
서울에 있는 우유는 꿈을 꾸었다

행복이 기분이 되고 있어요
서울이 아니라서 행복해요
누군가를 만나고 있는 도시라서
서울우유가 아니어도 견딜 수 있고
씹을수록 고소해서 소비기한은
확인하지 않는다

4부

노른자와 흰자가 섞이지 않는 것처럼

편식의 연애

　둘은 수시로 편의점을 드나든다. K는 GS25 편의점에 자주 가고, L은 CU 편의점에 자주 간다. 각자의 방과 집에서 가장 가까운 곳이다. 둘이 할인메뉴를 공유하는 것은 대화의 좋은 화제였다. 1+1의 비밀도 알 수 있었다.

피자 할인 시작했어요

주꾸미 도시락이 새로 들어왔는데 먹을 만해요

먹을 만하다는 기준이 어떻게 되죠

미안해요 GS25 맛을 배려하지 못했네요

CU는 피자 할인을 수시로 해서 대수롭지 않아요

우리가 지나치게 편식을 했나 봐요

당분간 우리 서로 바꿔서 다녀 봐요

편의점만 바꿔도

서로를 이해하는 폭이 넓어질 거예요

그동안 익숙했는데 다시 긴장하자는 얘기로 들려요

물맛의 차이부터 말하기 시작해요

세밀하게 접근하자는 뜻으로 들려요

편의점에 가서 새로운 메뉴를 발견했을 때

기분이 좋아진 경험 있나요

우리 연애가 편의점을 뛰어넘을 수 있을까

잠시 고민해 봤어요

개인적 취향이긴 해도 편의점은 CU가 좋아요

see you로 들리잖아요

또 만날 수 있잖아요

우리 싸울 때도 편의점에서

헤어지더라도 CU 편의점 앞

파란 플라스틱 의자에 앉아 맥주를 섞어 마시며

건배는 씨유로 할까요

좋아요 see you

화장지 두 뼘처럼

보름 전부터 불안이 시작되었다는 것을 알지 못했다. 회식에 참석하지 않는 이유를 L은 말하지 않았고 K는 묻지 않았다. 서로의 대화는 간간이 끊겼다. 붙어 있는 잎새보다 떨어지는 잎들이 많은 계절이었다.

열다섯 중에서 셋은 종종 그림자가 된다
그늘진 날은 그림자가 생기지 않고
점심 식사를 하러 가는 시간에는
짧은 그림자가 뒤로 숨기도 한다
해질 무렵 일찍 시작한 회식에서
한 잔은 의무처럼 따라 주고
두 잔 세 잔은 끼리끼리 마시고
화합과 포용은
손을 닦고 버리는 화장실 휴지 두 장에 불과하다
한 장이면 충분합니다 라는 문구도
충분하지 않지만
두 장은 뻔한 관습이다
계약이 만료되는 날짜가 다가올수록
화장실 가는 횟수가 늘었다
여러 번 겪었어도
불안은 단련되지 않는다

지울 수 없는 수정테이프

사무실에서 글씨를 지우는 하얀색 수정테이프를 쓰지 않는다. 잘못 쓴 글씨를 발견하면 수정해 다시 인쇄를 한다. L이 쓰는 컴퓨터 모니터 아래에는 글씨를 지우는 수정테이프가 놓여 있다. 놀라운 발명품 수정테이프도 과거가 되고 있다.

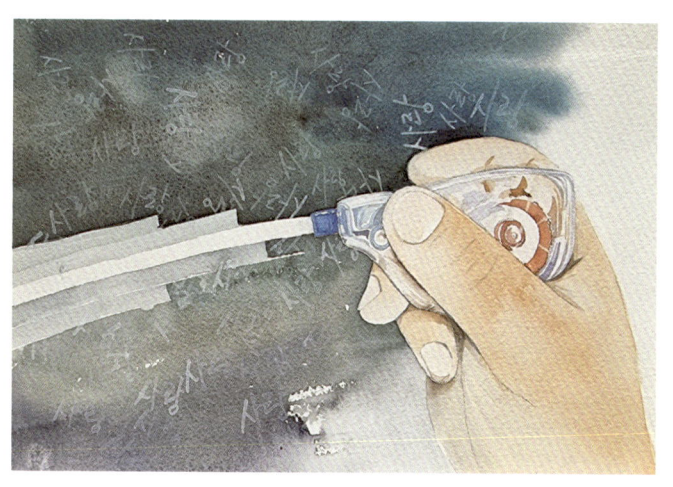

흰색 수정테이프 위에 다시 쓰면

제대로 고친 느낌이 든다

고친 부분이 가장 먼저 눈에 들어오고

기억에 오래 남는다.

우연히

계약 연장 검토 중이라는 서류를 보면서

수정테이프를 찾았다

결재권한이 없어

수정테이프로 수정되지 않는다는 것을 알고 있지만

덮어 버리면

잠시라도 잊을 수 있다

잠시가

복사기 아래로 떨어져

또르르 굴러간 메모 부침용 자석처럼 잊혀져

아무도 찾지 않는 물건처럼

복사기 아래를 드나드는 작은 벌레처럼

수정테이프를 들고 야근하는 날에는

설움이 북받쳐도

소리 나지 않는 밤은 깊어 간다

쫄면

 분식집에 갔다. K는 떡볶이 국물에 김밥을 찍었고, L은 쫄면을 비볐다. L이 고춧가루를 달라고 하더니 반 숟가락 더 넣었다. 가격이 폭등세여도 상추의 양을 줄이지 않는 가게다. 양배추 가격이 오를 때도 양배추를 빼놓지 않았다.

더 매웠으면 좋겠어요

숨이 죽지 않는 당근과 양배추가 섞이지 않아요

비빌수록 위안이 되지요

한 그릇 안에 담겨 있지만 서로 경계하는 느낌이 들어요

쫄면 먹고 쫄지 말라며 농담을 던지던 선배도 떠났어요

오늘은 아무 말 하지 말고 그냥 밥만 먹고 갈까요

그냥 허전한 의자만 채워 줘요

쫄면은 이별을 나누는 음식으로 추천해요

이기적이지만 내가 일어난 뒤 의자는 비어 있어도 괜찮겠지요

이미 의자는 이별의 공식을 알고 있을 테니까요

퇴사

L의 퇴사가 결정됐다는 소식을 전해 들었다. 화장실에서 만난 총무팀장이 환풍기를 쳐다보며 말했다. 환풍기 날개가 어디엔가 걸린 듯 작은 소리를 내며 돌아가고 있었다. K는 수도꼭지를 틀어 놓고 물소리를 오랫동안 들었다. 소리가 묻혔다.

1년은 버틸 수 있어요
긴 여행을 떠날까요
히키코모리가 될까요

아무렇지도 않아
아무렇지도 않아야 해
다쳐도 좋을 마음은 세상 어디에도 없어

골목 끝에는 막다른 길이 기다릴 것 같아
골목이 있는 곳으로는 여행을 떠나지 않을 거예요

끝이 보이지 않는 사막에 가고 싶어
허벅지를 간지럽히는 얕은 바다에 가고 싶어
얼굴이 잡히지 않는 CCTV가 없는 숲속도 좋아

이미 떠났는지 모르겠네요
어디에서 출발했는지 알 수 없지만
출발 지점은 오래전 희미해졌어요

다시 찾고 싶은 마음이 들지 않았으면 좋겠어요
신기한 마음이 들면 그 마음을 잡으려고 해요

이별의 무게

L이 한 손으로 테이블 모서리를 쓰다듬으며 퇴사와 함께 당분간 만나지 말자고 했다. K는 긴 숨을 내쉬었다. L은 어려운 일이 아니라고 했다. K는 어려운 일이라고 답했다.

헤어지면
금이빨을 하나 뽑아 가고 싶어요
입을 크게 벌려 웃을 때마다
기분이 반짝거렸어요

헤어지면
어깨에 앉아 있는 우울을 가져가고 싶어요
명랑하지 말아야 할 날에
우울을 입고 싶어요

헤어지면

뒤돌아보지 않아도 될

이별의 직전을 떠올리며

금이빨을 닦을게요

헤어지면

이별의 무게가 5킬로그램쯤 될까요

저울에 올라가 춤을 출게요

5그램과 5킬로그램이 혼란스럽겠지요

노래를 들으며

걸으면서 전화를 걸었다. 목소리 높이는 한 달 전과 다르지 않았다. L은 카페인이 걱정스러운 밤이라서 오후에 커피를 마시지 않았다. 낙엽이 바람에 굴러가 나무 아래에 멈췄다.

노래 한 곡 들려줄까요
시인과 촌장이 불렀는데 나한테는 옛날 노래죠
아직 익숙하지 않아서 유튜브에서 나오는 거 따라 부를게요

저 숲에서 나오니

숲이 보이네

푸르고 푸르던 숲

음 내 어린 날의 눈물 고인

저 숲에서 나오니

숲이 느껴지네*

숲에서 나오니 숲이 보여요

숲이 나를 보호해 주는 숲인 줄 알았어요

숲이 모든 나무를 지켜 주는 게 아니었어요

나무가 모두 착한 나무인 줄 알았어요

소리내지 못하는 나무였어요

못생긴 나무

키 작은 나무

경쟁하며 자랐다는 고백을 들었어요

숲에서 나온 게 수렁에서 나온 것인지도

---

* 시인과 촌장의 노래 〈숲〉 일부

멸종위기종

 L은 사라지지 않을 것이라고 했다. 흔적을 지울 뿐 새로운 풍경 앞에 설 것이라고, 부드러운 목소리였지만 단호했다. 혼자 슬퍼하지 않을 것이라고 했다. 여러 번의 계약을 거쳐 터득한 비결이라며 웃었다.

유엔이 하는 일이 많다

멸종위기종 목록을 만들고 보호대책을 세운다

검은코뿔소도 그 중에 하나다

죽기 전에 나무에 부딪혀 뿔을 잘라 묻었다는

검은코뿔소의 심정을 헤아려 본다

멸종위기종에 몰려도

뿔을 자르지 않을 것이다

유엔의 관심 영역에 벗어나 있어도 괜찮다

두 명의 위기종만 있어도 기댈 것이다

나는 분화된다

선언하자

매복한 뿔이 일어나기 시작했다

호신용 무기로 하루에 1밀리미터씩 자라났다

모든 종은 멸종하지 않아야 한다

백화점 산책

L이 백화점에 갔다. 향수 파는 가게를 향수처럼 맴돌았다. 여러 종류가 섞이면서 이물질처럼 떠다니는 향수를 만났다. 손목에 뿌렸다. 맥박이 뛸 때마다 튀어올랐다. 귓등에 뿌렸다.

귓등으로 듣는 이들을 기억하지 않는다
저항하는 말들을 뱉었지만
귓속에 담지 않았다
컴퓨터 모니터 하나 바꾸는 데도
늘 순번 뒤로 밀렸다.
내구연한 순으로 바꿔 준다는 직원의 말은
인사발령이 날 때마다 수시로 바뀌었다

이제 향수를 바꿀 때다

저녁 6시 퇴근 시간에도 흐려지지 않는 향수를

몸 안에서 만들어 낼 능력이 남아 있다.

귓등에 향수를 뿌릴 때마다

귓등으로 흐르는 말보다

향수가 진하게 퍼져

날이 갈수록 귓등에 손이 자주 간다

삶은 달걀

첫눈이 내렸다. 아침에 달걀을 삶았다. 물 끓는 소리가 들리면 냄비 바닥을 두드리는 달걀의 운동을 확인한다. L은 K를 만나러 갈 때 삶은 달걀을 가방에 넣어 가지고 나왔다. 술집에 들어서 밖이 보이는 창가에 앉자마자 안주를 준비했다며 달걀을 꺼냈다. 눈이 흩뿌리고 있었다.

달걀찜과 후라이와 삶은 달걀 중에
어느 것을 가장 먼저 먹을 것이냐고 물은 적이 있다
아무런 망설임 없이 삶은 달걀을 골랐다

첫눈 내리는 날 삶은 달걀을 가지고 올게요

달걀 익어 가는 소리는 역동적이다
뜨거움에 안달하는 것이 아니라
살과 살이 결합하는 소리다
껍데기를 벗기면서 살점이 다치지 않는
완벽한 분리는 언제나 매끄럽다
속과 겉이 붙어 아픈 껍질이 아니라
관계를 정리하는 껍데기 때문에
삶은 달걀을 좋아한다

삶은 달걀을 자주 먹어요
녹는 뉴욕치즈케이크와 녹지 않는 뉴욕치즈케이크를 사는 기준을 만들게요

눈이 내리는 날에는 어떤 케이크가 좋냐는 질문에
잠시 머뭇거렸다

노른자와 흰자가 섞이지 않는 것처럼 만나자는 말에
고개를 끄덕였다

사랑은 유일하게 긍정적인 감정노동이에요
감정노동이 청소기에 빨려 들어가지 않았으면 좋겠어요

봄날에 달걀후라이를 닮은 개망초를 보러
흔한 들판에 가기로 약속했다

시인산문

유일하게 긍정적인 감정노동이 사랑이에요

L과 K를 지지하며

유일하게
긍정적인 감정노동이
사랑이에요

L과 K를 지지하며

1

K는 누구일까. 김재현 권재현 강재현 구재현. K가 성이 아니라 이름일 수도 있다. 권수 경오 강현 경백. 수많은 조합이 가능하다. C도 있고 J도 있는데 굳이 K인 이유가 있는가. 오랜 거래처가 KB국민은행이라서. 일주일에 한 번 이상은 KFC를 드나들며 버거와 치킨을 즐기는 인물이라서. K리그를 즐겨 보는 축구 마니아라서. 차라리 KOREA를 대표하는 남성이라고 말하면 설

득력이 있을까. 평생 불안증에 시달렸다는 필립 K.딕의 작품을 좋아하고 우주로 가고 싶은 열망이 있어 K라고 불러도 아무렇지 않다. 세상에 얼마나 많은 남성 K가 있는가.

L은 누구일까. 임영미 이영미 임미정 이미정. 성이 아니라 이름일 수도 있다. 리나 리아 이현 아니면 영어식 이름 린다일 수도. 좋아하는 소주 린이라고 말하면 로컬리티의 반영이라고 받아들일까. 이 또한 K와 마찬가지로 다양한 상상이 가능하다. LG 트윈스를 좋아하는 야구팬이라서. LG에서 나오는 오휘 화장품을 쓰고 있어서. L당 휘발유 가격에 민감한 아버지의 딸이라서. LA갈비를 좋아하고 LA에 이민을 가 살고 싶은 사람이라서. 엘르 속옷만 입는 여성이라서, 라고 하면 L과 E를 헷갈리는 무식한 착각으로 지적을 받을 수 있다. 회사에서 자주 마주치는 곳이 로비라서 L이라고 불러도 아무렇지 않다. 세상에 얼마나 많은 여성 L이 있는가.

K는 40대 남성이다. 한 번 결혼했다. 그럼 지금은? 이런 질문이 나오는 것을 막기 위해 '한 번 결혼한 적이 있다'라고 하는 게 명쾌하다. 한 번 결혼한 이후 깨달은 것은 결혼을 한 번 했거나

하지 않았거나, 두 번 이상 다른 여성과 살았거나, 새로운 관계를 맺는데 중요한 영향을 끼치지 않는다는 점이다. 오는 사람 막지 않고 가는 사람 잡지 않는다는 무책임한 남성은 아니다. 한 번 결혼을 경험한 이후, K는 늘 영화 같은 만남을 꿈꾼다. 영화가 픽션이라는 것을 수시로 잊는다는 게 단점이다.

L은 30대 여성이다. 한 번도 결혼하지 않았다. 서른아홉이라는 표현보다는 삼십 대라는 말이 조금 더 L에 대해 우호적인 입장으로 보인다. 과자 이름과 같은 고소미와 함께 고소미를 먹으며 수다를 떠는 걸 즐긴다. 친하지만 자주 만나지는 않는다. 허리에 뱃살이 적당히 잡힐 무렵부터 운동기구를 사들이며 운동을 시작했다. 가끔 몸에 이상 신호가 나타나 여기저기 병원에 다니고 있다. 처음에는 아직 이럴 때가 아닌데 자책하기도 했지만, '세상에 이럴 때는 없다'라고 무시하자, 마음이 한결 나아졌다. 고용불안은 늘 달고 지낸다.

2

L이 K를 만난 것은 회사 근처 해물탕집이었다. 만났다는 말에

감정이입을 집요하게 하는 이들에게는 같은 식당에서 음식을 먹었다는 말로 수정해 전해야 한다. '그건 만난 게 아니라 그냥 본 거지' 이런 지적이 가능하기 때문이다. 잔뜩 물을 머금은 미더덕을 깨물자 L의 입에서는 강한 어깨를 가진 투수가 던진 직구처럼 물이 뿜어져 나왔고, 상대편에 앉아 있는 남자 셔츠에 빠르게 꽂혔다. 젖꼭지가 스트라이크 존 중심이라면 왼쪽으로 약간 치우친 자리에 미더덕 흔적을 남겼다. 그 남자 바로 옆 테이블에 앉아 있던 이가 K였다.

  L은 당황했고 남자는 손사래를 치며 괜찮다는 포즈를 취했다. 손동작의 너그러움과 일그러진 얼굴은 서로가 어울리지 않았다. 짧은 시간에 벌어진 작은 소동이었지만 인상적인 장면이었다. 우연히 그 모습을 목격한 K는 그날의 기억을 L에게 한 번도 꺼내지 않았다. 그러나 '입 벌리고 웃지 말아요'라는 말에는 코믹한 풍경이 은연중에 담겨 있었다. 미더덕을 먹을 때는 아무리 뜨거워도 입을 벌리지 않아야 한다는 문구를 해물탕 식당 벽에 크게 붙여 놓아야 한다. 입을 벌리면 상대편 가슴에 민망한 화상을 입힐 가능성이 매우 높다는 점을 반복적으로 알려 줘야 소동을 막을 수 있다.

L과 K는 커피를 마시며 첫인사를 나눴고, 커피를 자주 마시며 조금씩 가까워졌다. 비정규직 신분인 L은 차별을 늘 목격하고 체험하는 직장인이다. 회사 구성원들이 잘 어울리는 것처럼 보여도, 묵시적으로 합의된 구분과 차별이 수시로 나타났다. 아침에 커피를 마실 때도 끼리끼리 마실 때가 있고, 점심을 먹으러 갈 때도 동질감을 공유하는 직원끼리 조용히 빠져나가는 모습을 어렵지 않게 목격한다.

　　직장 내 그 누구도 아무렇지도 않게 받아들였다. 동질감이라는 게 알고 보면 얽혀 있는 인연들이다. 예를 들면 향우회, 동창회, 공채 신입동기, 경력직 동기, 승진동기, 교육동기, 포상휴가 동기, 심지어 새로 지은 아파트로 이사한 직원끼리도 따로 모여 밥을 먹는다. 이 과정에서 비정규직은 종종 그림자 취급을 받는다. 정원 외 인력으로 분류되어 정당한 직원 대접을 받지 못한다. 월급부터 복지혜택 차이까지 차별은 복잡하게 드러나 있거나 감춰져 있다. L은 차별과 정서적 모멸감을 20대부터 느끼며 30대를 맞았고, 곧 40대를 앞두고 있다.

3

땀나는 손을 바지에 닦으며 L의 손을 잡으려고 마음먹었을 때, K는 혼란스러웠다.

- 마음이 달라지면요.

마음이 달라지면 손을 잡겠다는 뜻으로 들렸고, 아직 마음의 준비가 되지 않았다는 뜻으로 해석되기도 했다.

- 어머머 왜 그래요? 날 뭘로 보고.

만일 L이 이런 반응을 보였다면 K는 다시는 커피를 마시러 여자의 사무실에 갈 수 없었을 것이다.

L과 K는 손을 잡고 난 뒤, 포옹을 하고, 키스를 했다. 연애의 진보는 다양한 접촉을 통해 이뤄진다. 앞으로 나간다는 진보의 의미가 서로의 신체 부위를 만지는 걸 허락한다는 측면에 방점을 찍는다면, 그것은 로맨스의 진보가 아니라 욕망의 확장으로 해석해야 할 것이다. L에게 K는 대나무숲 같은 존재였다. 무언가를 토로하고 싶을 때, 분노를 터뜨리고 싶을 때, 귀를 기울여 들어주는 존재가 있다는 것만으로 위안이 되었다.

슬픔과 고통은 마르지 않는 샘물처럼 바닥을 쉽게 드러내지 않지만, 따라 낼수록 양이 줄어든다는 걸 L은 느끼고 있었다. 늦은 저녁 술을 마시고 함께 탄 택시 안에서 L이 창문을 내리며 혼잣말을 했다.

- 더 좋아지면 안 되는데, 이런 생각을 한 적이 여러 번 있어요.

바람 소리에 분명하지 않았지만, '더 좋아지면 안 되는데'라는 말은 분명하게 들렸다. 혼란스럽다는 뜻이었다. 감정이 힘들다는 말의 다른 말이기도 했다. 그것은 연애의 불안이자 삶의 불안이었다. K는 자신을 전봇대같이 바라보라고 했다.

집에 갈 때 가로등이 꺼져 있는 전봇대에 기대어 오줌을 싸면 안정감을 느낀다는 애주가 J가 있었다. 술에 취한 상태에서 어딘가 기댈 수 있는 건 취객에게는 큰 안정감을 준다. CCTV가 일거수일투족을 감시하는 세상이 되면서 J가 기댈 곳은 갈수록 줄어들고 있다. 신도시로 이사 간 J는 그 지역에 전봇대가 없는 걸 보고 깜짝 놀랐다. 전깃줄이 지중화되었다는 사실을 뒤늦게 알았지만 후회하기는 늦었다. 전봇대의 필요성을 그 누구에게도 설명할 수 없었다. K는 J의 상실감에 동의했다. K는 자칫 경범죄를 옹호하는 사람으로 보일까 봐 L에게 전봇대의 기능과 역할을 매우 조심스럽게 설명했다.

4

뉴욕치즈케이크가 빵에 생크림을 바른 케이크만 있는 줄 알았다. K는 아이스크림 이름이 뉴욕치즈케이크라는 사실을 알고 문명의 큰 충격으로 받아들였다. 오래전에 나온 붕어빵 아이스크림 '싸만코'를 떠올리지 못한 것은 기억력의 한계였다. L은 배스킨라빈스 아이스크림 중에서 슈팅스타를 좋아한다.

녹지 않는 케이크와 녹는 케이크가 관계의 특성을 설명할 때 유용하다고 생각해, 뉴욕치즈케이크를 선택적으로 먹기 시작했다. 상온에서 녹는 케이크와 영하의 온도에서 형태를 유지하는 아이스크림을 보면서 북극의 사랑은 온전할까 생각하기도 했다.

K는 뉴욕치즈케이크의 주재료인 중력분 설탕 크림치즈 달걀 우유에는 고개를 끄덕였고, 럼주는 잠시 망설였다. 레시피에 나온 럼주의 양이 10그램이었는데 30그램을 따라 한 모금을 마시는 제과기능사의 모습은 고단함을 감추는 낭만이었다. 녹는 케이

크와 녹지 않는 케이크가 함께 어울리는 날은 눈이 내리거나, 짙게 흐린 11월 마지막 주 금요일쯤이 될 것이다. 뭐든 잠시 내려놓아도 좋을 만한 요일이니까.

K가 정류장에 뉴욕치즈케이크를 두고 온 이유는, 서로 다른 물질에 대한 감정이입이 쉽지 않았기 때문이다. 마음 깊이 들어갔다고 생각했는데 입구에서 서성거리고 있었다는 걸 깨달았다. 갈수록 깊어지는 동굴이 마음이었다. L의 동굴은 깊었다.

5

'사랑은 세상에서 가장 위대한 감정노동이에요. 유일하게 긍정적인 감정노동이지요.'

L의 말이 K를 향한 고백인지, 자신을 다독이는 위안인지 해석이 필요하지만, 마음을 쓰는 일이 감정노동임에는 분명하다.

버스에 타면 맨 뒷자리에 앉아요

헤어질 때 잘 보일 것 같아서요

버스가 지나가도 창문 뒤로 걸어오는 모습을 볼 수 있잖아요

버스 안에서 손을 흔들고 밖에서 화답하는 사이, 갑자기 비가 쏟아지면 K는 뛰어갈 것이고, 눈이 내리면 하늘을 바라보며 손바닥을 펼쳐 보일 것이다. 그곳이 계수나무 가로수길이면 떨어진 잎새의 냄새를 들이마시며 솜사탕 같은 사랑을 꿈꿀 것이다.

노동의 역사에서 사랑은 당연히 감정노동 편에 실려야 한다. 힘들어도 견디는 사람이 있고, 힘들어서 멀리 떠나고 싶은 사람이 공존하는 역사 속에서, 당신은 어디에 서 있나요.

독립서점시인선 01 정덕재 시집

정류장에 두고 온 뉴욕치즈케이크

지은이	정덕재
그림	권현칠
기획	책방 구구절절
디자인	이송은
펴낸이	이용원
펴낸곳	월간토마토
초판 1쇄 발행	2024년 8월 26일
인쇄	영진프린팅
등록	2019. 11. 26.(제2019-000027)
주소	대전광역시 중구 모암로13번길 36, 1층 월간토마토
팩스	0505.115.7274
이메일	mtomating@gmail.com
인스타그램	@wolgantomato

· 이 책은 저작권법에 따라 보호받는 저작물이므로 무단 전재와 무단 복제를 금하며, 이 책 내용의 전부 또는 일부를 이용하려면 반드시 저작권자와 월간토마토의 서면 동의를 받아야 합니다.
· 본 도서는 충청남도, 충남문화관광재단의 후원으로 발간되었습니다.

ISBN 979-11-91651-21-8 (03810)
©2024 월간토마토 Printed in Korea